AF321066

ye

3084

ODE

SUR LA NAISSANCE

DE SA MAJESTÉ

LE ROI DE ROME;

PAR M. HUILLARD-BRÉHOLLES.

Magnus ab integro sæclorum nascitur ordo.
Virg. *Eclog. IV*.

PARIS,

DE L'IMPRIMERIE DE MAME FRÈRES.

1811.

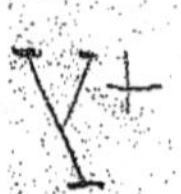

ODE

SUR LA NAISSANCE DE SA MAJESTÉ

LE ROI DE ROME.

Nos ennemis disoient dans leur folle espérance :

« Si nous sommes vaincus, le temps vaincra la France ;

« Il peut d'un seul coup d'aile abattre ce géant.

« Vous tomberez, lauriers amassés sur sa tête,

« Vous tomberez flétris ; de conquête en conquête

    « La superbe marche au néant. »

Ils disoient : « Oui, le jour qu'on la verra privée

« Du bras qui la conserve après l'avoir sauvée,

« Quel Atlas peut encore étayer l'univers ?

« Il faudra qu'elle expie une gloire importune ;

« Il n'est rien que l'excès d'une telle infortune

    « Qui puisse venger nos revers. »

ODE.

Ils disoient : « On a vu, rivales furieuses,

« De l'hydre des partis les têtes envieuses

« Se combattre, et des rois s'arracher le bandeau :

« La France fut dix ans leur vivante pâture ;

« Hé bien, ce passé même est la scène future

    « Que lui cache un brillant rideau. »

Il est levé ce voile.... où sont ces noirs présages ?

L'avenir le dispute à l'aurore des âges ;

Autour de ce berceau quel éclat triomphant !

De la discorde en vain la crête s'est dressée ;

Un enfant vient de naître, et l'hydre est terrassée

    Au premier souffle d'un enfant.

Il semble que déjà dans l'ame reposée

La céleste équité tombe et fonde en rosée ;

Je vois la graine plaire et suffire au vautour,

L'innocence dormir sur le nid des vipères,

Et l'Éden, dont le ciel déshérita nos pères,

    Rouvrir son antique séjour.

ODE.

Oui, l'Éternel a dit : « Ma parole est certaine.

« J'ai rappelé mon fils de l'Égypte lointaine,

« Et le fils de mon fils va le régénérer.

« Peuples, ouvrez l'oreille à ma voix qui vous crie :

« C'est un autre Sauveur, c'est l'enfant de MARIE ;

  « O peuples, venez l'adorer. »

Soudain d'un pur amour tout l'univers s'anime :

Les cèdres réjouis ont incliné leur cime,

Le lierre embrasse mieux son fraternel soutien ;

D'impatientes fleurs la branche est couronnée,

Et de chanter sitôt Philomèle étonnée,

  L'est encor plus d'aimer si bien.

C'est peu : fiers d'une rive en bienfaits enrichie,

Le Weser protégé, la Vistule affranchie,

Le Niémen en paix sur la foi du serment,

Le Tibre, le Tésin, l'Arno, le Zuiderzée,

Le Danube amoureux de la Seine épousée,

  Tous murmurent d'enchantement.

Voyez-vous comme au bruit de leurs ondes charmées,

Et Rois et Nations, pacifiques armées,

A l'appel du Seigneur marchent obéissants ?

Une étoile nouvelle a guidé leurs phalanges ;

Ils viennent ; et dans l'air, en suaves mélanges,

      Montent le cantique et l'encens.

Dis, pourras-tu jamais, cité toute-puissante,

Rassembler dans ton sein leur foule renaissante ?

O lyre d'Amphion, viens sous mes doigts jaloux,

Viens ; grandissez, palais des Guises, des Vendômes ;

Portiques, à ma voix multipliez vos dômes,

      Et vous, remparts, reculez-vous.

Entrez, peuples ; approche, antique Germanie ;

Songe moins aux douleurs de ta vierge bénie ;

En est-il pour qui sauve un peuple tout entier ?

Long-temps abrite aussi ta tête généreuse

Sous ce jeune rameau, né de la greffe heureuse

      Qui confond l'olive au laurier.

Mais qui dans un enfant vient saluer son maître ?

C'est ce peuple romain qui trembla d'en connoître.

Avec lui Rome entière a paru voyager :

Il voit de ses aïeux la pompe solennelle,

Il retrouve César et la ville éternelle ;

    La place n'a fait que changer.

Détrompez-vous, Romains ; ce possesseur du Rhône,

Ce Jule a reparu, mais c'est au pied du trône.

Pour un autre, dit-il, ma palme a survécu :

Comme est grand ce qu'il fit et grand ce qu'il projette !

Mes états sont les siens, et mon ombre est sujette ;

    Je viens, je vois, et suis vaincu.

Vous accourez aussi, fils de l'Ebre et du Tage.

Ciel ! l'Anglais vous repousse et vous croit son partage ;

Mais voyez son métal et son sceptre marin :

Il s'arme du trident, et le trident se brise ;

Il veut solder le crime, et dans sa main surprise

    Son or se transforme en airain.

ODE.

Quand saura le disciple et l'émule d'un père
Quelle fut d'Albion l'inimitié prospère?
Eh ! que ne peut déjà l'instinct de la valeur ?
O gloire dont la voix est le bronze qui tonne,
Consens à t'adoucir ; sois l'essaim qui bourdonne
  Autour d'une naissante fleur.

Tel que dans les filets d'un courage homicide
Eurysthée en espoir enveloppant Alcide,
Sans cesse lui rouvroit la lice des travaux ;
Et toujours fatigué d'une ruse plus vaine,
Voyoit l'infatigable aux sources de la haine
  Puiser vingt triomphes nouveaux.

Tel, ô royal enfant, l'envieux insulaire,
Forçant à la victoire un héros tutélaire,
Lui paya ses périls en immortalité.
Non, jamais la fureur, triplant ton héritage,
N'a su de la tendresse imiter davantage
  Toute la prodigalité.

Grace encore à cette île envers elle marâtre,
Le raisin se durcit en savoureux albâtre,
Le frileux cotonnier se prête à nos saisons ;
Et sur d'hostiles bords quand l'Inde s'accumule,
L'anil américain cède au pastel émule
     L'honneur d'azurer nos toisons.

Ainsi le ciel nous venge ; il veut plus, il ordonne
Que pour dernier présent l'Angleterre se donne.
Libre, la mer sourit à des liens plus doux ;
Elle commande aux flots d'annoncer son veuvage,
Et l'humide ambassade accourt sur le rivage
     Te proclamer son jeune époux.

Eh quoi ! vers ses destins déjà son cœur s'élance.
Est-ce un père, est-ce un Dieu qui mûrit son enfance ?
Elle commence à peine, et je la vois finir.
Non, peuples, ce n'est point une voix fantastique,
Il parle ; entendez-vous son berceau prophétique
     Vous révéler votre avenir ?

« En faucille la Paix viendra forger la lance,

« L'or n'inclinera point l'immobile balance,

« La main recueillera ce qu'elle aura planté ;

« Et lointains héritiers de mes faveurs nombreuses,

« Les siècles, ô ma mère, appelleront heureuses

     « Les entrailles qui m'ont porté. »

Il dit. A nos accords s'unit la voix des anges ;

Et, pour multiplier ce concert de louanges,

L'Éternel prête une ame à la postérité.

Elle vous voit germer, délices infinies ;

Et son chant précurseur répond : « Cent fois bénies

     « Les entrailles qui l'ont porté. »

NOTES.

Frontispice :) **Magnus ab integro sæclorum nascitur ordo.**

Il semble que Virgile, pressentant qu'il naîtroit en France un Roi de Rome, ait voulu célébrer le règne du futur souverain de sa patrie ; son églogue est une allusion continuelle aux événements qui se développent sous nos yeux.

Frappé de ces rapprochements, l'auteur a essayé de les reproduire en vers français ; sa traduction a paru dans la Gazette de France, le lendemain du jour où la naissance d'un prince est venue consolider à jamais une dynastie de grands Rois ; *fortes creantur fortibus,* a dit Horace, et d'après lui, M. Lemaire, qui a si noblement chanté le Roi de Rome dans la langue des Romains.

Page 7) . . . . . Grace encore à cette île envers elle marâtre,
Le raisin se durcit en savoureux albâtre,

Plusieurs décrets de l'Empereur ont pour objet d'assurer à la France une abondante récolte de sucre, de coton et d'indigo ; d'heureuses expériences, dirigées par un ministre toujours prompt à exécuter les bienfaisantes conceptions du génie, ont encore réalisé pour notre siècle cette prédiction de Virgile : *Omnis feret omnia tellus.*

FIN.

www.ingramcontent.com/pod-product-compliance
Lightning Source LLC
LaVergne TN
LVHW020440060726
842525LV00006B/2456